Todos los libros de Linkgua Ediciones cuentan con modelos de Inteligencia Artificial entrenados por hispanistas. Pregúntale al chat de tu libro lo que desees acerca de la obra o su autor/a.

Para ebooks: Accede a nuestro modelo de IA a través de este enlace.

Para libros impresos: Escanea el código QR de la portada con tu dispositivo móvil.

Obtén análisis detallados de nuestros libros, resúmenes, respuestas a tus preguntas y accede a nuestras ediciones críticas generativas para una experiencia de lectura más enriquecedora.
La transparencia y el respeto hacia la autoría de las fuentes utilizadas son distintivos básicos de nuestro proyecto. Por ello, las respuestas ofrecen, mediante un sistema de citas, las fuentes con las que han sido elaboradas.

José Martí

# Versos libres

Barcelona 2024
Linkgua-ediciones.com

# Créditos

Título original: Versos libres.

© 2024, Red ediciones S.L.

e-mail: info@linkgua.com

Diseño de cubierta: Michel Mallard.

ISBN tapa dura: 978-84-9897-421-8.
ISBN rústica ilustrada: 978-84-9953-696-5.
ISBN ebook: 978-84-9897-335-8.

Cualquier forma de reproducción, distribución, comunicación pública o transformación de esta obra solo puede ser realizada con la autorización de sus titulares, salvo excepción prevista por la ley. Diríjase a CEDRO (Centro Español de Derechos Reprográficos, www.cedro.org) si necesita fotocopiar, escanear o hacer copias digitales de algún fragmento de esta obra.

# Sumario

# Brevísima presentación

La vida

José Martí (La Habana, 1853-Dos Ríos, 1898), Cuba.

Era hijo de Mariano Martí Navarro, valenciano, y Leonor Pérez Cabrera, de Santa Cruz de Tenerife.

Martí empezó su formación en El Colegio de San Anacleto, y luego estudió en la Escuela Municipal de Varones. En 1868 empezó a colaborar en un periódico independentista, lo que provocó su ingreso en prisión y más tarde su destierro a España. Vivió en Madrid y en 1871 publicó *El presidio político en Cuba*, su primer libro en prosa.

En 1873 se fue a Zaragoza y se licenció en derecho, y en filosofía y letras. Al año siguiente viajó a París, donde conoció a personajes como Víctor Hugo y Augusto Bacquerie.

Tras su estancia en Europa vivió dos años en México. Por esa época se casó con Carmen Zayas Bazán, aunque estaba enamorado de María García Granados, fuente de inspiración en sus poemas.

En 1878 regresó a La Habana y tuvo un hijo con Carmen. Un año después fue deportado otra vez a España (1879). Hacia 1880 vivió en Nueva York y organizó la Guerra de Independencia de su país. Fue cónsul de Argentina, Uruguay y Paraguay en esa ciudad norteamericana; dio discursos, escribió artículos y versos, conspiró, fundó el Partido Revolucionario Cubano y redactó sus Bases. En 1895, al iniciarse la Guerra de Independencia, se fue a Cuba y murió en combate.

La presente antología, que reúne la totalidad de la obra poética de José Martí conocida hasta la fecha —incluidos algunos poemas inéditos en vida del poeta cubano y esbozos inconclusos— comprende las siguientes obras: *Poemas dispersos I*; *Poemas escritos en España* (1871-1874); *Poemas escritos en México y Guatemala* (1875-1877); *Ismaelillo*; *Poemas dispersos II*; *Poemas de la edad de oro* (1889); *Poemas de circunstancias*; *Cartas rimadas*; *Poemas inconclusos*; *Versos sencillos*; y *Versos libres*.

# Versos libres

## Mis versos

Estos son mis versos. Son como son. A nadie los pedí prestados. Mientras no pude encerrar íntegras mis visiones en una forma adecuada a ellas, dejé volar mis visiones: ¡Oh, cuánto áureo amigo que ya nunca ha vuelto! Pero la poesía
tiene su honradez, y yo he querido siempre ser honrado. Recortar versos, también sé, pero no quiero. Así como cada hombre trae su fisonomía, cada inspiración trae su lenguaje. Amo las sonoridades difíciles, el verso escultórico, vibrante como la porcelana, volador como un ave, ardiente y arrollador como una lengua de lava. El verso ha de ser como una espada reluciente, que deja a los espectadores la memoria de un guerrero que va camino al cielo, y al envainarla en el Sol, se rompe en alas.

Tajos son éstos de mis propias entrañas —mis guerreros—. Ninguno me ha salido recalentado, artificioso, recompuesto, de la mente; sino como las lágrimas salen de los ojos y la sangre sale a borbotones de la herida.

No zurcí de éste y aquél, sino sajé en mí mismo. Van escritos, no en tinta de academia, sino en mi propia sangre. Lo que aquí doy a ver lo he visto antes (yo lo he visto, yo), y he visto mucho más, que huyó sin darme tiempo a que copiara sus rasgos. —De la extrañeza, singularidad, prisa, amontonamiento, arrebato de mis visiones, yo mismo tuve la culpa, que las he hecho surgir ante mí como las copio. De la copia yo soy el responsable. Hallé quebrados los vestidos, y
otros no y usé de estos colores. Ya sé que no son usados. Amo las sonoridades difíciles y la sinceridad, aunque pueda parecer brutal.

Todo lo que han de decir, ya lo sé, y me lo tengo contestado. He querido ser leal, y si pequé, no me avergüenzo de haber pecado.

## Académica

Ven, mi caballo, a que te encinche: quieren
Que no con garbo natural el coso
Al sabio impulso corras de la vida,
Sino que el paso de la pista aprendas,
Y la lengua del látigo, y sumiso
Des a la silla el arrogante lomo:—
Ven, mi caballo: dicen que en el pecho
Lo que es cierto, no es cierto: que las estrofas
Ígneas que en lo hondo de las almas nacen,
Como penacho de fontana pura
Que el blando manto de la tierra rompe
Y en gotas mil arreboladas cuelga,
No han de cantarse, no, sino las pautas
Que en moldecillo azucarado y hueco
Encasacados dómines dibujan:
Y gritan «Al bribón!» —cuando a las puertas
Del templo augusto un hombre libre asoma!—
Ven, mi caballo, con tu casco limpio
A yerba nueva y flor de llano oliente,
Cinchas estruja, lanza sobre un tronco
Seco y piadoso, donde el Sol la avive,
Del repintado dómine la chupa,
De hojas de antaño y de romanas rosas
Orlada, y deslucidas joyas griegas,—
Y al Sol del alba en que la tierra rompe
Echa arrogante por el orbe nuevo.

# Águila blanca

De pie, cada mañana
Junto a mi áspero lecho está el verdugo.
Brilla el Sol, nace el mundo, el aire ahuyenta
Del cráneo la malicia,
Y mi águila infeliz, mi águila blanca,
Que cada noche en mi alma se renueva,
Al alba universal las alas tiende
Y, camino del Sol, emprende el vuelo.
Y en vez del claro vuelo al Sol altivo
Por entre pies ensangrentada y rota,
De un grano en busca el águila rastrea.

Oh noche, Sol del triste, amable seno
Donde su fuerza el corazón revive,
Perdura, apaga el Sol, toma la forma
De mujer libre y pura, a que yo pueda
Ungir tus pies, y con mis besos locos
Ceñir tu frente y calentar tus manos.
Líbrame, eterna noche, del verdugo,
O dale a que me dé con la primera
Alba una limpia y redentora espada.
¿Que con qué la has de hacer? ¡Con luz de estrellas!

# El buen Pedro

Dicen, buen Pedro, que de mí murmuras
Porque tras mis orejas el cabello
En crespas ondas su caudal levanta:
¡Diles, bribón, que mientras tú en festines,
En rubios caldos y en fragantes pomas,
Entre mancebas del astuto Norte,
De tus esclavos el sudor sangriento,
Torcido en oro, descuidado bebes,—
Pensativo, febril, pálido, grave,
Mi pan rebano en solitaria mesa
Pidiendo ¡oh triste! al aire sordo modo
De libertad de su infortunio al siervo
Y de tu infamia a ti! Y en estos lances,
Suéleme, Pedro, en la apretada bolsa
Faltar la monedilla que reclama
Con sus húmedas manos el barbero.

# A los espacios...

A los espacios entregarme quiero
Donde se vive en paz y con un manto
De luz, en gozo embriagador henchido,
Sobre las nubes blancas se pasea,
Y donde Dante y las estrellas viven.
Yo sé, yo sé, porque lo tengo visto
En ciertas horas puras, cómo rompe
Su cáliz una flor, y no es diverso
Del modo, no, con que lo quiebra el alma.
Escuchad, y os diré: —viene de pronto
Como una aurora inesperada, y como
A la primera luz de primavera
De flor se cubren las amables lilas...
Triste de mí! contároslo quería,
Y en espera del verso, las grandiosas
Imágenes en fila ante mis ojos
Como águilas alegres vi sentadas.
Pero las voces de los hombres echan
De junto a mí las nobles aves de oro.
Ya se van, ya se van. Ved cómo rueda
La sangre de mi herida.
Si me pedís un símbolo del mundo
En estos tiempos, vedlo: un ala rota.
Se labra mucho el oro. El alma apenas!
Ved cómo sufro. Vive el alma mía
Cual cierva en una cueva acorralada.
Oh, no está bien; me vengaré, llorando!

## A mi alma

¡Ea, jamelgo! De los montes de oro
Baja, y de andar en prados bien olientes
Y de aventar con los ligeros cascos
Mures y viboreznos, y al Sol rubio
Mecer gentil las brilladoras crines!

¡Ea, jamelgo! Del camino oscuro
Que va do no se sabe, ésta es posada,
Y de pagar se tiene al hostelero!
Luego será la gorja, luego el llano,
Luego el prado oloroso, el alto monte:
Hoy bájese el jamelgo, que le aguarda
Cabe el duro ronzal la gruesa albarda.

# Amor de ciudad grande

De gorja son y rapidez los tiempos.
Corre cual luz la voz; en alta aguja,
Cual nave despeñada en sirte horrenda,
Húndese el rayo, y en ligera barca
El hombre, como alado, el aire hiende.
¡Así el amor, sin pompa ni misterio
Muere, apenas nacido, de saciado!
Jaula es la villa de palomas muertas
Y ávidos cazadores! Si los pechos
Se rompen de los hombres, y las carnes
Rotas por tierra ruedan, no han de verse
Dentro más que frutillas estrujadas!

Se ama de pie, en las calles, entre el polvo
De los salones y las plazas; muere
La flor el día en que nace. Aquella virgen
Trémula que antes a la muerte daba
La mano pura que a ignorado mozo;
El goce de temer; aquel salirse
Del pecho el corazón; el inefable
Placer de merecer; el grato susto
De caminar de prisa en derechura
Del hogar de la amada, y a sus puertas
Como un niño feliz romper en llanto;
Y aquel mirar, de nuestro amor al fuego,
Irse tiñendo de color las rosas,
Ea, que son patrañas! Pues ¿quién tiene
Tiempo de ser hidalgo? ¡Bien que sienta,
Cual áureo vaso o lienzo suntuoso,

Dama gentil en casa de magnate!
O si se tiene sed, se alarga el brazo
Y a la copa que pasa se la apura!
Luego, la copa turbia al polvo rueda,
Y el hábil catador—manchado el pecho
De una sangre invisible—sigue alegre
Coronado de mirtos, su camino!
No son los cuerpos ya sino desechos,
Y fosas, y jirones! Y las almas
No son como en el árbol fruta rica
En cuya blanda piel la almíbar dulce
En su sazón de madurez rebosa,
Sino fruta de plaza que a brutales
Golpes el rudo labrador madura!

¡La edad es ésta de los labios secos!
De las noches sin sueño! ¡De la vida
Estrujada en agraz! ¿Qué es lo que falta
Que la ventura falta? Como liebre
Azorada, el espíritu se esconde,
Trémulo huyendo al cazador que ríe,
Cual en soto selvoso, en nuestro pecho;
Y el deseo, de brazo de la fiebre,
Cual rico cazador recorre el soto.

¡Me espanta la ciudad! Toda está llena
De copas por vaciar, o huecas copas!
¡Tengo miedo ¡ay de mí! de que este vino
Tósigo sea, y en mis venas luego
Cual duende vengador los dientes clave!
¡Tengo sed; mas de un vino que en la tierra
No se sabe beber! ¡No he padecido

Bastante aún, para romper el muro
Que me aparta ¡oh dolor! de mi viñedo!
¡Tomad vosotros, catadores ruines
De vinillos humanos, esos vasos
Donde el jugo de lirio a grandes sorbos
Sin compasión y sin temor se bebe!
Tomad! Yo soy honrado, y tengo miedo!

# Árbol de mi alma

Como un ave que cruza el aire claro,
Siento hacia mí venir tu pensamiento
Y acá en mi corazón hacer su nido.
Ábrese el alma en flor; tiemblan sus ramas
Como los labios frescos de un mancebo
En su primer abrazo a una hermosura;
Cuchichean las hojas; tal parecen
Lenguaraces obreras y envidiosas,
A la doncella de la casa rica
En preparar el tábano ocupadas.
Ancho es mi corazón, y es todo tuyo.
Todo lo triste cabe en él, y todo
Cuanto en el mundo llora, y sufre, y muere!
De hojas secas, y polvo, y derruidas
Ramas lo limpio; bruño con cuidado
Cada hoja, y los tallos; de las flores
Los gusanos y el pétalo comido
Separo; oreo el césped en contorno
Y a recibirte, oh pájaro sin mancha,
Apresto el corazón enajenado!

## Astro puro

De un muerto, que al calor de un astro puro,
De paso por la tierra, como un manto
De oro sintió sobre sus huesos tibios
El polvo de la tumba; al Sol radiante
Resucitó gozoso, vivió un día,
Y se volvió a morir, son estos versos:

Alma piadosa que a mi tumba llamas
Y cual la blanca luz de astros de enero,
Por el palacio de mi pecho en ruinas
Entrase, irradias, y los restos fríos
De los que en él voraces habitaron
Truecas, ¡oh maga! en cándidas palomas;
Espíritu, pureza, luz, ternura,
Ave sin pies que el ruido humano espanta,
Señora de la negra cabellera,
El verso muerto a tu presencia surge
Como a las dulces horas del rocío
En el oscuro mar el Sol dorado,
Y álzase por el aire cuanto existe
Cual su manto, en el vuelo recogiendo,
Y a ti llega, y se postra y por la tierra
En colosales pliegues
Con majestad de púrpura romana.
Besé tus pies, te vi, pasar, señora.
¡Perfume y luz tiene por fin la tierra!
El verso aquel que a dentelladas duras
La vida diaria y ruin me remordía
Y en ásperos retazos, de mis secos
Y codiciosos labios se exhalaba,
Ora triunfante y melodioso bulle.
Y como ola del mar al Sol sereno,

Bajo el espacio azul rueda en espuma:
Oh mago, oh mago amor!

Ya compañía
Tengo para afrontar la vida eterna.
Para la hora de la luz, la hora
De reposo y de flor, ya tengo cita.

Esto diciendo, los abiertos brazos
Tendió el cantor como a abrazar. El vivo
Amor que su viril estrofa mueve
Solo duró lo que su estrofa dura.
Alma infeliz el alma ardiente, aquella
En que el ascua más leve alza un incendio
........... y el sueño
Que vio esplendor, y quiso así, hundióse
Como un águila muerta. El ígneo, el...
Calló, brilló, volvió solo a su tumba.

# Banquete de tiranos

Hay una raza vil de hombres tenaces
De sí propios inflados, y hechos todos,
Todos del pelo al pie, de garra y diente;
Y hay otros, como flor, que al viento exhalan
En el amor del hombre su perfume.
Como en el bosque hay tórtolas y fieras
Y plantas insectívoras y pura
Sensitiva y clavel en los jardines.
De alma de hombres de unos se alimentan:
Los otros su alma dan a que se nutran
Y perfumen su diente los glotones,
Tal como el hierro frío en las entrañas
De la virgen que mata se calienta.

A un banquete se sientan los tiranos,
Pero cuando la mano ensangrentada
Hunden en el manjar, del mártir muerto
Surge una luz que les aterra, flores
Grandes como una cruz súbito surgen
Y huyen, rojo el hocico, y pavoridos
A sus negras entrañas los tiranos.
Los que se aman a sí, los que la augusta
Razón a su avaricia y gula ponen:
Los que no ostentan en la frente honrada
Ese cinto de luz que en el yugo funde
Como el inmenso Sol en ascuas quiebra
Los astros que a su seno se abalanzan:
Los que no llevan del decoro humano
Ornado el sano pecho: los menores

Y los segundones de la vida, solo
A su goce ruin y medro atentos
Y no al concierto universal.

Danzas, comidas, músicas, harenes,
Jamás la aprobación de un hombre honrado.
Y si acaso sin sangre hacerse puede,
Hágase... clávalos, clávalos
En el horcón más alto del camino
Por la mitad de la villana frente.
A la grandiosa humanidad traidores,
Como implacable obrero
Que un féretro de bronce clavetea,
Los que contigo
Se parten la nación a dentelladas.

## Canto de otoño

Bien: ya lo sé! La Muerte está sentada
A mis umbrales: cautelosa viene,
Porque sus llantos y su amor no apronten
En mi defensa, cuando lejos viven
Padres e hijo. Al retornar ceñudo
De mi estéril labor, triste y oscura,
Con que a mi casa de invierno abrigo,
De pie sobre las hojas amarillas,
En la mano fatal la flor del sueño,
La negra toca en alas rematada,
Ávido el rostro, trémulo la miro
Cada tarde aguardándome a mi puerta.
En mi hijo pienso, y de la dama oscura
Huyo sin fuerzas, devorado el pecho
De un frenético amor! Mujer más bella
No hay que la Muerte! Por un beso suyo
Bosques espesos de laureles varios,
Y las adelfas del amor, y el gozo
De remembrarme mis niñeces diera!
...Pienso en aquel a quien mi amor culpable
Trajo a vivir, y, sollozando, esquivo
De mi amada los brazos; mas ya gozo
De la aurora perenne el bien seguro.
Oh, vida, adiós! Quien va a morir, va muerto.
–

Oh, duelos con la sombra! Oh, pobladores
Ocultos del espacio! Oh, formidables
Gigantes que a los vivos azorados

Mueven, dirigen, postran, precipitan!
Oh, cónclave de jueces, blandos solo
A la virtud, que en nube tenebrosa,
En grueso manto de oro recogidos,
Y duros como peña, aguardan torvos
A que al volver de la batalla rindan
—Como el frutal los frutos—
De sus obras de paz los hombres cuenta,
De sus divinas alas!... de los nuevos
Arboles que sembraron, de las tristes
Lágrimas que enjugaron, de las fosas
Que a los tigres y víboras abrieron,
Y de las fortalezas eminentes
Que al amor de los hombres levantaron!
¡Esta es la dama, el rey, la patria, el premio
Apetecido, la arrogante mora
Que a su brusco señor cautiva espera
Llorando en la desierta barbacana!
Este el santo Salem, éste el Sepulcro
De los hombres modernos. No se vierta
Más sangre que la propia! No se bata
Sino al que odie al amor! Únjanse presto
Soldados del amor los hombres todos!
La tierra entera marcha a la conquista
De este rey y señor, que guarda el cielo!

—

...Viles! El que es traidor a sus deberes,
Muere como un traidor, del golpe propio
De su arma ociosa el pecho atravesado!
Ved que no acaba el drama de la vida
En esta parte oscura! Ved que luego

Tras la losa de mármol o la blanda
Cortina de humo y césped se reanuda
El drama portentoso! y ved, oh viles,
Que los buenos, los tristes, los burlados,
Serán en la otra parte burladores!

–


Otros de lirio y sangre se alimenten:
Yo no! yo no! Los lóbregos espacios
Rasgué desde mi infancia con los tristes
Penetradores ojos: el misterio
En una hora feliz de sueño acaso
De los jueces así, y amé la vida
Porque del doloroso mal me salva
De volverla a vivir. Alegremente
El peso eché del infortunio al hombro:
Porque el que en huelga y regocijo vive
Y huye el dolor, y esquiva las sabrosas
Penas de la virtud, irá confuso
Del frío y torvo juez a la sentencia,
Cual soldado cobarde que en herrumbre
Dejó las nobles armas; y los jueces
No en su dosel lo ampararán, no en brazos
Lo encumbrarán, mas lo echarán altivos
A odiar, a amar y batallar de nuevo
En la fogosa sofocante arena!
Oh! qué mortal que se asomó a la vida
Vivir de nuevo quiere?...

–


Puede ansiosa
La Muerte, pues, de pie en las hojas secas,

Esperarme a mi umbral con cada turbia
Tarde de Otoño, y silenciosa puede
Irme tejiendo con helados copos
Mi manto funeral.

–

No di al olvido
Las armas del amor: no de otra púrpura
Vestí que de mi sangre. Abre los brazos,
Listo estoy, madre Muerte: al juez me lleva!

–

Hijo!... Qué imagen miro? qué llorosa
Visión rompe la sombra, y blandamente
Como con luz de estrella la ilumina?
Hijo!... qué me demandan tus abiertos
Brazos? A qué descubres tu afligido
Pecho? Por qué me muestras tus desnudos
Pies, aún no heridos, y las blancas manos
Vuelves a mí, tristísimo gimiendo?...
Cesa! calla! reposa! vive! El padre
No ha de morir hasta que a la ardua lucha
Rico de todas armas lance al hijo!
Ven, oh mi hijuelo, y que tus alas blancas
De los abrazos de la Muerte oscura
Y de su manto funeral me libren!

# Canto religioso

La fatiga y las sábanas sacudo:
Cuando no se es feliz, abruma el sueño
Y el sueño, tardo al infeliz, y el miedo
A ver la luz que alumbra su desdicha
Resístense los ojos,—y parece
No que en plumones mansos se ha dormido
Sino en los brazos negros de una fiera.
Al aire luminoso, como al río
El sediento peatón, dos labios se abren:
El pecho en lo interior se encumbra y goza
Como el hogar feliz cuando recibe
En Año Nuevo a la familia amada;—
Y brota, frente al Sol, el pensamiento!

Mas súbito, los ojos se oscurecen,
Y el cielo, y a la frente va la mano
Cual militar que el pabellón saluda:
Los muertos son, los muertos son, devueltos
A la luz maternal: los muertos pasan.

Y sigo a mi labor, como creyente
A quien unge en la sien el sacerdote
De rostro liso y vestiduras blancas—
Practico: En el divino altar comulgo
De la Naturaleza: es mi hostia el alma humana.

# Con letras de astros

Con letras de astros el horror que he visto
En el espacio azul grabar querría
En la llanura, muchedumbre:—en lo alto
Mientras que los de abajo andan y ruedan
Y sube olor de frutas estrujadas,
Olor de danza, olor de lecho, en lo alto
De pie entre negras nubes, y en los hombros
Cual principio de alas se descuelgan,
Como un monarca sobre un tronco, surge
Un joven bello, pálido y sombrío.
Como estrella apagada, en el izquierdo
Lado del pecho vésele abertura
Honda y boqueante, bien como la tierra
Cuando de cuajo un árbol se le arranca
Abalánzase, apriétanse, recójense,
Ante él, en negra tropa, toda suerte
De fieras, anca al viento, y bocas juntas
En una inmensa boca,—y en bordado
Plato de oro bruñido y perlas finas
Su corazón el bardo les ofrece.

# Copa ciclópea

El Sol alumbra: ya en los aires miro
La copa amarga: ya mis labios tiemblan,
No de temor, que prostituye, de ira!...
El Universo, en las mañanas alza
Medio dormido aún de un dulce sueño
En las manos la Tierra perezosa,
Copa inmortal, en donde
Hierven al Sol las fuerzas de la vida!
Al niño triscador, al venturoso
De alma tibia y mediocre, a la fragante
Mujer que con los ojos desmayados
Abrirse ve en el aire extrañas rosas,
Iris la Tierra es, roto en colores,
Raudal que juvenece y rueda limpio
Por perfumado llano, y al retozo
Y al desmayo después plácido brinda!
Y para mí, porque a los hombres amo
Y mi gusto y mi bien terco descuido,
La Tierra melancólica aparece
Sobre mi frente que la vida bate,
De lúgubre color inmenso yugo!
La frente encorvo, el cuello manso inclino,
Y, con los labios apretados, muero.

# Copa con alas

Una copa con alas ¿quién la ha visto
Antes que yo? Yo ayer la vi. Subía
Con lenta majestad, como quien vierte
Óleo sagrado; y a sus dulces bordes
Mis regalados labios apretaba.
Ni una gota siquiera, ni una gota
Del bálsamo perdí que hubo en tu beso!

Tu cabeza de negra cabellera
¿Te acuerdas? con mi mano requería,
Porque de mí tus labios generosos
No se apartaran. Blanda como el beso
Que a ti me trasfundía, era la suave
Atmósfera en redor; la vida entera
Sentí que a mí abrazándote, abrazaba!
Perdí el mundo de vista, y sus ruidos
Y su envidiosa y bárbara batalla!
Una copa en los aires ascendía
Y yo, en brazos no vistos reclinado
Tras ella, asido de sus dulces bordes,
Por el espacio azul me remontaba!

Oh amor, oh inmenso, oh acabado artista!
En rueda o riel funde el herrero el hierro;
Una flor o mujer o águila o ángel
En oro o plata el joyador cincela;
Tú solo, solo tú, sabes el modo
De reducir el Universo a un beso!

## Crin hirsuta

¿Que como crin hirsuta de espantado
Caballo que en los troncos secos mira
Garras y dientes de tremendo lobo,
Mi destrozado verso se levanta?...
Sí, pero ¡se levanta! A la manera,
Como cuando el puñal se hunde en el cuello
De la res, sube al cielo hilo de sangre.
Solo el amor engendra melodías.

# Cuentan que antaño...

Cuentan que antaño,—y por si no lo cuentan,
Invéntolo,—un labriego que quería
Mucho a un zorzal, a quien dejaba libre
Surcar el aire y desafiar el viento—
De cierto bravo halcón librarlo quiso
Que en cazar por el ala adestró astuto
Un señorín de aquellas cercanías,—
Y púsole al zorzal el buen labriego
Sobre sus alas, otras dos, de modo
Que el vuelo alegre al ave no impidiesen.

Salió el Sol, y el halcón, rompiendo nubes,
Tras el zorzal, que a la querencia amable
Del labrador inquieto se venía:
Ya le alcanza; ya le hinca; ya estremece
En la mano del mozo el hilo duro:
Mas ¡guay del señorín!: el halcón solo
Prendió al zorzal, que diestro se le escurre,
Por las alas postizas del labriego.

¡Así, quien caza por la rima, aprende
Que en sus garras se escapa la poesía!

# El padre suizo

Dicen que un suizo, de cabello rubio
Y ojos secos y cóncavos, mirando
Con desolado amor a sus tres hijos,
Besó sus pies, sus manos, sus delgadas,
Secas, enfermas, amarillas manos;
Y súbito, tremendo, cual airado
Tigre que al cazador sus hijos roba,
Dio con los tres, y con sí mismo luego,
En hondo pozo y los robó a la vida!
Dicen que el bosque iluminó radiante
Una rojiza luz, y que a la boca
Del pozo oscuro—sueltos los cabellos,
Cual corona de llamas que al monarca
Doloroso, al humano, solo al borde
Del antro funeral la sien desciñe—,
La mano ruda a un tronco seco asida,
Contra el pecho huesoso, que sus uñas
Misma sajaron, los hijuelos mudos
Por su brazo sujetos, como en noche
De tempestad las aves en su nido,
El alma a Dios, los ojos a la selva,
Retaba el suizo al cielo, y en su torno
Pareció que la tierra iluminaba
Luz de héroe, y que el reino de la sombra
La muerte de un gigante estremecía!

¡Padre sublime, espíritu supremo
Que por salvar los delicados hombros
De sus hijuelos, de la carga dura

De la vida sin fe, sin patria, torva
Vida sin fin seguro y cauce abierto,
Sobre sus hombros colosales puso
De su crimen feroz la carga horrenda!
Los árboles temblaban, y en su pecho
Huesoso, los seis ojos espantados
De los pálidos niños, seis estrellas
Para guiar al padre iluminadas,
Por el reino del crimen, parecían!
¡Ve, bravo! Ve, gigante! Ve, amoroso
Loco! Y las venenosas zarzas pisa
Que roen como tósigos las plantas
Del criminal, en el dominio lóbrego
Donde andan sin cesar los asesinos!
¡Ve!—que las seis estrellas luminosas
Te seguirán, y te guiarán, y ayuda
A tus hombros darán cuantos hubieren
Bebido el vino amargo de la vida!

# En torno al mármol rojo

En torno al mármol rojo en donde duerme
El corso vil, el Bonaparte infame,
Como manos que acusan, como lívidas
Desgreñadas crenchas, las banderas
De tanto pueblo mutilado y roto
En pedazos he visto, ensangrentadas!
Bandera fue también el alma mía
Abierta al claro Sol y al aire alegre
En un asta, derecha como un pino.—
La vieron y la odiaron, gerifaltes
Pusieron, y celosa halconería a abatirla echaron,
A traer el fleco de oro entre sus picos:
Oh! Mucho halcón del cielo azul ha vuelto
Con un jirón de mi alma entre sus garras.
Y sus! yo a izarla!—y sus! Con piedra y palo
Las gentes a arriarla,—y sus! el pino
Como en fuga alargábase hasta el cielo
Y por él mi bandera blanca entraba!
Mas tras ella la gente, pino arriba,
Este el hacha, ése daga, aquél ponzoña,
Negro el aire en redor, negras las nubes,
Allí donde los astros son robustos
Pinos de luz, allí donde en fragantes
Lagos de leche van cisnes azules,
Donde el alma entra a flor, donde palpitan,
Susurran, y echan a volar las rosas,
Allí, donde hay amor, allí en las aspas
Mismas de las estrellas me embistieron!—
Por Dios, que aun se ve el asta: mas tan rota

Ya la bandera está, que no hay ninguna
Tan rota y sin ventura como ella
En las que adornan la apagada cripta
Donde en su rojo féretro sus puños
Roe despierto el Bonaparte infame!—

# Estrofa nueva

............ Cuando, oh Poesía,
Cuando en tu seno reposar me es dado!
Ancha es y hermosa y fúlgida la vida.
Que éste o aquél o yo vivamos tristes,
Culpa de éste o aquél será, o mi culpa!
Nace el corcel, del ala más lejano
Que el hombre, en quien el ala encumbradora
Ya en los ingentes brazos se diseña.
Sin más brida que el viento el corcel nace
Espoleador y flameador; al hombre
La vida echa sus riendas en la cuna!
Si las tuerce o revuelve y si tropieza
Y da en atolladero, a sí se culpe
Y del incendio o del zarzal redima
La destrozada brida: sin que al noble
Sol y ............ vida desafíe.

De nuestro bien o mal autores somos,
Y cada cual autor de sí; la queja
A la torpeza y la deshonra añade
De nuestro error. Cantemos, sí, cantemos
Aunque las hidras nuestro pecho roan,
La hermosura y grandeza de la vida!
El Universo colosal y hermoso.

Un obrero tiznado; una enfermiza
Mujer, de faz enjuta y dedos gruesos;
Otra que al dar al Sol los entumidos
Miembros en el taller, como una egipcia

Voluptuosa y feliz, la saya burda
En las manos recoge y canta, y danza;
Un niño que sin miedo a la ventisca,
Como el soldado con el arma al hombro,
Va con sus libros a la escuela; el denso
Rebaño de hombres que en silencio triste
Sale a la aurora y con la noche vuelve,
Del pan del día en la difícil busca,
Cual la luz a Memnon, mueven mi lira.
Los niños, versos vivos, los heroicos
Y pálidos ancianos, los oscuros
Hornos donde en bridón o tritón truecan
Los hombres victoriosos las montañas,
Astiánax son y Andrómaca mejores,
Mejores, sí, que las del viejo Homero.

–

Naturaleza, siempre viva: el mundo
De minotauro yendo a mariposa,
Que de rondar el Sol enferma y muere;
La sed de luz, que como el mar salado
La de los labios, con el agua amarga
De la vida se irrita; la columna
Compacta de asaltantes que sin miedo
Al Dios de ayer sobre los flacos hombros
La mano libre y desferrada ponen,
Y los ligeros pies en el vacío,
Poesía son y estrofa alada, y grito
Que ni en tercetos ni en octava estrecha
Ni en remilgados serventicios caben.

–

Vaciad un monte; en tajo de Sol vivo
Tallad un plectro; o de la mar brillante
El seno rojo y nacarado, el molde
De la triunfante estrofa nueva sea!

–

Como nobles de Nápoles, fantasmas
Si carnes ya y sin sangre, que en polvosos
Palacios muertos con añejas chupas
De comido blasón, a paso sordo
Andan, y al mundo que camina enseñan
Como un grito sin voz, la seca encía,
Así, sobre los árboles cansados,
Y los ciriales rotos, y los huecos
De oxidadas diademas, duendecillos
Con chupa vieja y metro viejo asoman!
No en tronco seco y muerto hacen sus nidos,
Alegres recaderos de mañana,
Las lindas aves cuerdas y gentiles!
Ramaje quieren suelto y denso, y tronco
Alto y robusto, en fibra rico y savia.
Mas con el Sol se alza el deber; se pone
Mucho después que el Sol; de la hornería
Y su batalla y su fragor cansada
La mente plena en el rendido cuerpo,
Atormentada duerme, como el verso
Vivo en los aires, por la lira rota
Sin dar sonidos desalado pasa!
Perdona, pues, oh estrofa nueva, el tosco
Alarde de mi amor. Cuando, oh poesía,
Cuando en tu seno reposar me es dado.

# Flor de hielo

Mírala! ¡Es negra! ¡Es torva! Su tremenda
Hambre la azuza. Son sus dientes hoces;
Antro su fauce; secadores vientos
Sus hálitos; su paso, ola que traga
Huertos y selvas; sus manjares, hombres.
Viene! escondeos, oh, caros amigos,
Hijo del corazón, padres muy caros!
Do asoma, quema; es sorda, es ciega:—El hambre
Ciega el alma y los ojos. Es terrible
El hambre de la Muerte!
No es ahora
La generosa, la clemente amiga
Que el muro rompe al alma prisionera
Y le abre el claro cielo fortunado:
No es la dulce, la plácida, la pía
Redentora de tristes, que del cuerpo,
Como de huerto abandonado, toma
El alma adolorida, y en más alto
Jardín la deja, donde blanda Luna
Perpetuamente brilla, y crecen solo
En vástagos en flor blancos rosales
No la esposa evocada; no la eterna
Madre invisible, que los anchos brazos,
Sentada en todo el ámbito solemne,
Abre a sus hijos, que la vida agosta,
Y a reposar y a reparar sus bríos
Para el fragor y la batalla nueva
Sus cabezas igníferas reclina
En su puro y jovial seno de aurora.

No; aun a la diestra del Señor sublime
Que envuelto en nubes, con sonora planta
Sobre cielos y cúspides pasea;
Aun en los bordes de la copa dívea
En colosal montaña trabajada
Por tallador cuyas tundentes manos
Hechas al rayo y trueno fragorosos
Como barro sutil la roca herían;
Aun a los lindes del gigante vaso
Donde se bebe al fin la paz eterna,
El mal, como un insecto, sus oscuros
Anillos mueve y sus antenas clava,
Artero, en los sedientos bebedores!

Sierva es la Muerte: sierva del callado
Señor de toda vida: salvadora
Oculta de los hombres! Mas el ígneo
Dueño a sus siervos implacable ordena
Que hasta rendir el postrimer aliento,
A la sombra feliz del mirto de oro,
El bien y el mal el seno les combatan;
Y solo las eternas rosas ciñe
Al que a sus mismos ojos el mal torvo
En batalla final convulso postra.
Y pío entonces en la seca frente
Da aquel, en cuyo seno poderoso
No hay muerte ni dolor, un largo beso.
Y en la Muerte gentil, la Muerte misma,
Lidian el bien y el mal...! Oh dueño rudo,
A rebelión y a admiración me mueve
Este misterio de dolor, que pena

La culpa de vivir, que es culpa tuya,
Con el dolor tenaz, martirio nuestro!
¿Es tu seno quizá tal hermosura
Y el placer de domar la interna fiera
Gozo tan vivo, que el martirio mismo
Es precio pobre a la final delicia?
¡Hora tremenda y criminal, oh Muerte,
Aquella en que en tu seno generoso
El hambre ardió, y en el ilustre amigo
Seca posaste la tajante mano!
No es, no, de tales víctimas tu empresa
Poblar la sombra! De cansados ruines,
De ancianos laxos, de guerreros flojos
Es tu oficio poblarla, y en tu seno
Rehacer al viejo la gastada vida
Y al soldado sin fuerzas la armadura.
Mas el taller de los creadores sea,
Oh Muerte! de tus hambres reservado!
Hurto ha sido; tal hurto, que en la sola
Casa, su pueblo entero los cabellos
Mesa, y su triste amigo solitario
Con gestos grandes de dolor sacude,
Por él clamando, la callada sombra!
Dime, torpe hurtadora, di el oscuro
Monte donde tu recia culpa amparas;
Y donde con la seca selva en torno,
Cual cabellera de tu cráneo hueco,
En lo profundo de la tierra escondes
Tu generosa víctima! Di al punto
El antro, y a sus puertas con el pomo
Llamaré de mi espada vengadora!
Mas, ay! Que a do me vuelvo? Qué soldado

A seguirme vendrá? Capua es la tierra,
Y de orto a ocaso, y a los cuatro vientos!
No hay más, no hay más que infames desertores,
De pie sobre sus armas enmohecidas
En rellenar sus arcas afanados.

No de mármol son ya, ni son de oro,
Ni de piedra tenaz o hierro duro
Los divinos magníficos humanos.
De algo más torpe son: jaulas de carne
Son hoy los hombres, de los vientos crueles
Por mantos de oro y púrpura amparados,
Y de la jaula en lo interior, un negro
Insecto de ojos ávidos y boca
Ancha y febril, retoza, come, ríe!
Muerte! el crimen fue bueno: guarda, guarda
En la tierra inmortal tu presa noble!

# Flores del cielo

¿Flores? No quiero flores! Las del cielo
Quisiera yo segar!

–

Cruja, cual falda
De monte roto, esta cansada veste
Que me encinta y engrilla con sus miembros
Como con sierpes, y en mi alma sacian
Su hambre, y asoman a la cueva lóbrega
Donde mora mi espíritu, su negra
Cabeza, y boca roja y sonriente!
Caiga, como un encanto, este tejido
Enmarañado de raíces! Surjan
Donde mis brazos alas, y parezca
Que, al ascender por la solemne atmósfera,
De mis ojos, del mundo a que van llenos,
Ríos de luz sobre los hombres rueden!

–

Y huelguen por los húmedos jardines
Bardos tibios segando florecillas.
Yo, pálido de amor, de pie en las sombras
Envuelto en gigantesca vestidura
De lumbre astral, en mi jardín, el cielo
Un ramo haré magnífico de estrellas.
¡No temblará de asir la luz mi mano!

–

Y buscaré, donde las nubes duermen,

Amada, y en su seno la más viva
Le prenderé, y esparciré las otras
Por su áurea y vaporosa cabellera.

# He vivido: me he muerto

He vivido: me he muerto: y en mi andante
Fosa sigo viviendo: una armadura
Del hierro montaraz del siglo octavo,
Menos sí, menos que mi rostro pesa.
Al cráneo inquieto lo mantengo fijo
Porque al rodar por tierra, el mar de llanto, no asombre.
Quejarme, no me quejo: es de lacayos
Quejarse, y de mujeres,
Y de aprendices de la trova, manos
Nuevas en liras viejas:—Pero vivo
Cual si mi ser entero en un agudo
Desgarrador sollozo se exhalara.—
De tierra, a cada Sol mis restos propios
Recojo, presto los apilo a rastras,
A la implacable luz y a los voraces
Hombres, cual si vivieran los paseo:
Mas ¡frente a la luz me fuese dado
Como en la sombra do duermo, al polvo
Mis disfraces echar, viérase súbito
Un cuerpo sin calor venir a tierra
Tal como un monte muerto que en sus propias
Inanimadas faldas se derrumba.

He vivido: al deber juré mis armas
Y ni una vez el Sol dobló las cuestas
Sin que mi lidia y mi victoria viere:—
Ni hablar, ni ver, ni pensar yo quisiera!
Cruzando los brazos como en nube
Parda, en mortal sosiego me hundiría.

De noche, cuando al sueño a sus soldados
En el negro cuartel llama la vida,
La espalda vuelco a cuanto vive: al muro
La frente doy, y como jugo y copia
De mis batallas en la tierra miro—
La rubia cabellera de una niña
Y la cabeza blanca de un anciano!

# Hierro

Ganado tengo el pan: hágase el verso,—
Y en su comercio dulce se ejercite
La mano, que cual prófugo perdido
Entre oscuras malezas, o quien lleva
A rastra enorme peso, andaba ha poco
Sumas hilando y revolviendo cifras.
Bardo ¿consejo quieres? Pues descuelga
De la pálida espalda ensangrentada
El arpa dívea, acalla los sollozos
Que a tu garganta como mar en furia
Se agolparán, y en la madera rica
Taja plumillas de escritorio y echa
Las cuerdas rotas al movible viento.
–


Oh alma! oh alma buena! mal oficio
Tienes!: póstrate, calla, cede, lame
Manos de potentado, ensalza, excusa
Defectos, tenlos —que es mejor manera
De excusarlos—, y mansa y temerosa
Vicios celebra, encumbra vanidades:
Verás entonces, alma, cuál se trueca
En plato de oro rico tu desnudo
Plato de pobre!
–


Pero guarda ¡oh alma!
Que usan los hombres hoy oro empañado!
Ni de eso cures, que fabrican de oro

Sus joyas el bribón y el barbilindo:
Las armas no, —las armas son de hierro!

–

Mi mal es rudo; la ciudad lo encona;
Lo alivia el campo inmenso. ¡Otro más vasto
Lo aliviará mejor! —Y las oscuras
Tardes me atraen, cual si mi patria fuera
La dilatada sombra.

–

¡Oh verso amigo,
Muero de soledad, de amor me muero!
No de vulgares amores; estos amores
Envenenan y ofuscan. No es hermosa
La fruta en la mujer, sino la estrella.
La tierra ha de ser luz, y todo vivo
Debe en torno de si dar lumbre de astro.
¡Oh, estas damas de muestra! Oh, estas copas
De carne! Oh, estas siervas, ante el dueño
Que las enjoya o estremece echadas!
¡Te digo, oh verso, que los dientes duelen
De comer de esta carne!

–

Es de inefable
Amor del que yo muero, del muy dulce
Menester de llevar, como se lleva
Un niño tierno en las cuidosas manos,
Cuanto de bello y triste ven mis ojos.

–

Del sueño, que las fuerzas no repara
Sino de los dichosos, y a los tristes
El duro humor y la fatiga aumenta,
Salto, al Sol, como un ebrio. Con las manos
Mi frente oprimo, y de los turbios ojos
Brota raudal de lágrimas. ¡Y miro
El Sol tan bello y mi desierta alcoba,
Y mi virtud inútil, y las fuerzas
Que cual tropel famélico de hirsutas
Fieras saltan de mí buscando empleo;
Y el aire hueco palpo, y en el muro
Frío y desnudo el cuerpo vacilante
Apoyo, y en el cráneo estremecido
En agonía flota el pensamiento,
Cual leño de bajel despedazado
Que el mar en furia a la playa ardiente arroja!
–

¡Solo las flores del paterno prado
Tienen olor! ¡Solo las seibas patrias
Del Sol amparan! Como en vaga nube
Por suelo extraño se anda; las miradas
Injurias nos parecen, y el Sol mismo,
Más que en grato calor, enciende en ira!
¡No de voces queridas puebla el eco
Los aires de otras tierras: y no vuelan
Del arbolar espeso entre las ramas
Los pálidos espíritus amados!
De carne viva y profanadas frutas
Viven los hombres, ¡ay!, mas el proscripto
De sus entrañas propias se alimenta!
¡Tiranos: desterrad a los que alcanzan

El honor de vuestro odio: ya son muertos!
Valiera más ¡oh bárbaros! que al punto
De arrebatarlos al hogar, hundiera
En lo más hondo de su pecho honrado
Vuestro esbirro más cruel su hoja más dura!
Grato es morir, horrible vivir muerto.
Mas no! mas no! La dicha es una prenda
De compasión de la fortuna al triste
Que no sabe domarla. A sus mejores
Hijos desgracias de Naturaleza:
Fecunda el hierro al llano, el golpe al hierro!

## Homagno

Homagno sin ventura
La hirsuta y retostada cabellera
Con sus pálidas manos se mesaba.
«Máscara soy, mentira soy, decía;
Estas carnes y formas, estas barbas
Y rostro, estas memorias de la bestia,
Que como silla a lomo de caballo
Sobre el alma oprimida echan y ajustan,
Por el rayo de luz el alma mía
En la sombra entrevé, —¡no son Homagno!
—

Mis ojos solo, los mis caros ojos,
Que me revelan mi disfraz, son míos.
Queman, me queman, nunca duerme, oran,
Y en mi rostro los siento y en el cielo,
Y le cuentan de mí, y a mí dél cuentan.
¿Por qué, por qué, para cargar en ellos
Un grano ruin de alpiste mal trojado
Talló el Creador mis colosales hombros?
Ando, pregunto, ruinas y cimientos
Vuelco y sacudo; a sorbos delirantes
En la Creación, la madre de mil pechos,
Las fuentes todas de la vida aspiro.
—

Con demencia amorosa su invisible
Cabeza con las secas manos mías
Acaricio y destrenzo; por la tierra

Me tiendo compungido, y los confusos
Pies, con mi llanto baño y con mis besos,
Y en medio de la noche, palpitante,
Con mis voraces ojos en el cráneo
Y en sus órbitas anchas encendidos,
Trémulo, en mí plegado, hambriento espero,
Por si al próximo Sol respuestas vienen.
Y a cada nueva luz, de igual enjunto
Modo y ruin, la vida me aparece,
Como gota de leche que en cansado
Pezón, al terco ordeño, titubea,
Como carga de hormiga, como taza
De agua añeja en la jaula de un jilguero.»
De mordidas y rotas, ramos de uvas
Estrujadas y negras, las ardientes
Manos del triste Homagno parecían!

–

Y la tierra en silencio, y una hermosa
Voz de mi corazón, me contestaron.

## Isla famosa

Aquí estoy, solo estoy, despedazado.
Ruge el cielo; las nubes se aglomeran,
Y aprietan, y ennegrecen, y desgajan.
Los vapores del mar la roca ciñen.
Sacra angustia y horror mis ojos comen.
¿A qué, Naturaleza embravecida,
A qué la estéril soledad en torno
De quien de ansia de amor rebosa y muere?
¿Dónde, Cristo sin cruz, los ojos pones?
¿Dónde, oh sombra enemiga, dónde el ara
Digna por fin de recibir mi frente?
¿En pro de quién derramaré mi vida?

–

Rasgóse el vuelo; por un tajo ameno
De claro azul, como en sus lienzos abre
Entre mazos de sombra Díaz famoso,
El hombre triste de la roca mira
En lindo campo tropical, galanes
Blancos, y Venus negras, de unas flores
Fétidas y fangosas coronados.
Danzando van; a cada giro nuevo
Bajo los muelles pies la tierra cede!
Y cuando en ancho beso los gastados
Labios sin lustre, ya trémulos juntan,
Sáltanles de los labios agoreras
Aves tintas en hiel, aves de muerte.

# La poesía es sagrada

La poesía es sagrada. Nadie
De otro la tome, sino en sí. Ni nadie
Como a esclava infeliz que el llanto enjuga
Para acudir a su inclemente dueña,
La llame a voluntad: que vendrá entonces
Pálida y sin amor, como una esclava.
Con desmayadas manos el cabello
Peinará a su Señora: en alta torre,
Como pieza de gran repostería,
Le apretará las trenzas; o con viles
Rizados cubrirá la noble frente
Por donde el alma su honradez enseña;
O lo atará mejor, mostrando el cuello,
Sin otro adorno, en un discreto nudo.
¡Mas mientras la infeliz peina a la dama,
Su triste corazón, cual ave roja
De alas heridas, estará temblando
Lejos ¡ay! en el pecho de su amante,
Como en invierno un pájaro en su nido.
¡Maldiga Dios a dueños y tiranos
Que hacen andar los cuerpos sin ventura
Por do no pueden ir los corazones!—

/

# Luz de Luna

Esplendía su rostro; por los hombros
Rubias guedejas le colgaban; era
Una caricia su sonrisa: era
Ciego de nacimiento: parecía
Que veía: tras los párpados callados
Como un lago tranquilo, el alma exenta
Del horror que en el mundo ven los ojos,
Sus apacibles aguas deslizaba:
Tras los párpados blancos se veían
Aves de plata, estrellas voladoras,
En unas grutas pálidas los besos
Risueños disputándose la entrada,
Y en el dorso de cisnes navegando
Del ciego fiel los pensamientos puros

Como una rama en flor, al sosegado
Río silvestre que hacia el mar camina,
Una afable mujer se asomó al ciego:
Tembló, encendiose, se cubrió de rosas,
Y las pálidas manos del amante
Besó cien veces, y llenó con ellas:
En la misma guirnalda entrelazados
Pasan los dos la generosa vida:
Tan grandes son las flores que a su sombra
Suelen dormir la prolongada siesta.

Cual quien enfrena a un potro que husmeando
Campo y batalla, en el portal sujeto
Mira, como quien muerde, al amo duro

Así, rebelde a veces, tras sus ojos
El pobre ciego el alma sujetaba.
—Oh, si vieras! —los necios le decían
Que no han visto en sus almas— oh si vieras
Cuando sobre los trigos requemados,
Su ejército de rayos el Sol lanza,
Cómo chispean, cómo relucen, cómo,
Asta al aire, el hinchado campamento
Los cascos mueve y el plumón lustrosos!
Si vieras cómo el mar, roto y negruzco
Vuelca al infeliz, y encumbra al fuerte;
Si vieses, infeliz, cómo la Tierra
Cuando la Luna llena la ilumina,
Desposada parece que en los aires
Buscando va, con planta perezosa,
La casa florecida de su amado!
—Ha de ser, ha de ser como quien toca
La cabeza de un niño!

—Calla, ciego.
Es como asir en una flor la vida.

De súbito vio el ciego. —Esta que esplende,
Dijéronle, es la Luna. Mira, mira
Qué mar de luz! Abismos, ruinas, cuevas,
Todo por ella casto y blando luce
Como de noche el pecho de las tórtolas!
—¿Nada más? —dijo el ciego, y retornando
A su amada celosa los ya abiertos
Ojos, besóle la temblante mano
Humildemente, y díjole: —No es nueva,
Para el que sabe amar, la luz de Luna.

## Mantilla andaluza

¿Por qué no acaba todo, ora que puedes
Amortajar mi cuerpo venturoso
Con tu mantilla, pálida andaluza?
No me avergüenzo, no, de que me encuentren
Clavado el corazón con tu peineta!

¡Te vas! como invisible escolta, surgen
Sobre sus tallos frescos, a seguirte
Mis jazmines sin mancha y mis claveles.
¡Te vas! ¡Todos se van! Y tú me miras,
Oh perla pura en flor, como quien echa
En honda copa joya resonante,
Y a tus manos tendidas me abalanzo
Como a un cesto de frutas un sediento.

De la tierra mi espíritu levantas
Como el ave amorosa a su polluelo.

# Media noche

Oh, qué vergüenza! El Sol ha iluminado
La Tierra; el amplio mar en sus entrañas
Nuevas columnas a sus naves rojas
Ha levantado; el monte, granos nuevos
Juntó en el curso del solemne día
A sus jaspes y breñas; en el vientre
De las aves y bestias nuevos hijos
Vida, que es forma, cobran; en las ramas
Las frutas de los árboles maduran;
Y yo, mozo de gleba, he puesto solo,
Mientras que el mundo gigantesco crece,
Mi jornal en las ollas de la casa!

–

Por Dios, que soy un vil! ¡No en vano el sueño
A mis pálidos ojos es negado!
No en vano por las calles titubeo
Ebrio de un vino amargo, cual quien busca
Fosa ignorada donde hundirse, y nadie
Su crimen grande y su ignominia sepa!
No en vano el corazón me tiembla ansioso
Como el pecho sin calma de un malvado!

–

El cielo, el cielo, con sus ojos de oro
Me mira, y ve mi cobardía, y lanza
Mi cuerpo fugitivo por la sombra
Como quien loco y desolado huye
De un vigilante que en sí mismo lleva!

¡La Tierra es soledad! ¡La luz se enfría!
¿Adónde iré que este volcán se apague?
¿Adónde iré que el vigilante duerma?

—


Oh, sed de amor! Oh, corazón prendado
De cuanto vivo el Universo habita:
Del gusanillo verde en que se trueca
La hoja del árbol; del rizado jaspe
En que las ondas de la mar se cuajan;
De los árboles presos, que a los ojos
Me sacan siempre lágrimas; del lindo
Bribón que con los pies desnudos
En fango y nieve, diario o flor pregona.

—


Oh, corazón, que en el carnal vestido
No hierros de hacer oro, ni belfudos
Labios glotones y sensuosos mira,
Sino corazas de batalla; y hornos
Donde la vida universal fermenta.

—


Y yo, pobre de mí!, ¡preso en mi jaula,
La gran batalla de los hombres miro!

# Mi poesía

Muy fiera y caprichosa es la Poesía,
A decírselo vengo al pueblo honrado:
Lo denuncio por fiera. Yo la sirvo
Con toda honestidad: no la maltrato;
No la llamo a deshora cuando duerme,
Quieta, soñando, de mi amor cansada,
Pidiendo para mí fuerzas al cielo;
No la pinto de gualda y amaranto
Como aquesos poetas; no le estrujo
En un talle de hierro el franco seno;
Y el cabello dorado, suelto al aire,
Ni con cintas retóricas le cojo:
No: no la pongo en lindas vasijas
Que morirían; sino la vierto al mundo;
A que cree y fecunde, y ruede y crezca
Libre cual las semillas por el viento.
Eso sí: cuido mucho de que sea
Claro el aire en su torno: musicales,
—Puro su lecho y limpio surtido—
Los rasos que la amparan en el sueño,
Y limpios y aromados sus vestidos.—
Cuando va a la ciudad, mi Poesía
Me vuelve herida toda, el ojo seco
Y como de enajenado, las mejillas
Como hundidas, de asombro: los dos labios
Gruesos, blandos, manchados; una que otra
Luta de cieno—en ambas manos puras
Y el corazón, por bajo el pecho roto
Como un cesto de ortigas encendido:

Así de la ciudad me vuelve siempre:
Mas con el aire de los campos cura
Bajo del cielo en la serena noche
Un bálsamo que cierra las heridas.
¡Arriba oh corazón!: ¿quién dijo muerte?

Yo protesto que mimo a mi Poesía:
Jamás en sus vagares la interrumpo,
Ni de su ausencia larga me impaciento.
¡Viene a veces terrible! Ase mi mano,
Encendido carbón me pone en ella
Y cual por sobre montes me la empuja!
¡Otras; muy pocas! viene amable y buena,
Y me amansa el cabello; y me conversa
Del dulce amor, y me convida a un baño!
Tenemos ella y yo, cierto recodo
Púdico en lo más hondo de mi pecho:
Envuelto en olorosa enredadera!—
Digo que no la fuerzo, y jamás la adorno,
Y sé adornar, jamás la solicito,
Aunque en tremendas sombras suelo a veces
Esperadla, llorando, de rodillas,
Ella ¡oh coqueta grande! en mi nube
Airada entra, la faz sobre ambas manos
Mirando como crecen las estrellas.
Luego, con paso de ala, envuelta en polvo
De oro, baja hasta mí, resplandeciente.
Vióme un día infausto, rebuscando necio—
Perlas, zafiros, ónices, cruces
Para ornarle la túnica a su vuelta.
Ya de un lado, piedras tenía
Cruces y acicaladas en hilera,

Octavas de claveles, cuartetines
De flores campesinas; tríos, dúos
De ardiente loro y pálida azucena
¡Qué guirnaldas de décimas! ¡qué flecos
De sonoras quintillas! ¡qué ribetes
De pálido romance! ¡qué lujosos
Broches de rima rara! ¡qué repuesto
De mil consonantes serviciales
Para ocultar con juicio las junturas:
Obra, en fin, de suprema joyería!—
Mas de pronto una lumbre silenciosa
Brilla; las piedras todas palidecen,
Como muertas, las flores caen en tierra
Lívidas, sin colores: es que bajaba
De ver nacer los astros mi Poesía!—
Como una cesta de caretas rotas
Eché a un lado mis versos. Digo al pueblo
Que me tiene oprimido mi Poesía:
Yo en todo la obedezco: apenas siento
Por cierta voz del aire que conozco
Su próxima llegada, pongo en fiesta
Cráneo y pecho; levántase en la mente,
Alados, los corceles; por las venas
La sangre ardiente al paso se dispone;
El aire limpio, alejo los invitados,
Muevo el olvido generoso, y barro
De mí las impurezas de la tierra!

¡No es más pura que mi alma la paloma
Virgen que llama a su primer amigo!
Baja: vierte en mi mano unas extrañas
Flores que el cielo da, flores que queman;—

Como de un mar que sube, sufre el pecho,
Y a la divina voz, la idea dormida,
Royendo con dolor la carne tersa
Busca, como la lava, su camino
De hondas grietas el agujero luego queda,
Como la falda de un volcán cruzado;
Precio fatal de los amores con el cielo:
Yo en toda la obedezco; yo no esquivo
Estos padecimientos, yo le cubro
De unos besos que lloran, sus dos blancas
Manos que así me acabarán la vida.
Yo ¡qué más! cual de un crimen ignorado
Sufro, cuando no viene: yo no tengo
Otro amor en el mundo ¡oh mi poesía!
Como sobre la pampa el viento negro
Cae sobre mí tu enojo!
A mí, que te respeto.
De su altivez me quejo al pueblo honrado:
De su soberbia femenil. No sufre
Espera. No perdona. Brilla, y quiere
Que con el limpio brillo del acero
Ya al verso al mundo cabalgando salga;—
Tal, una loca de pudor, apenas
Un minuto al artista el cuerpo ofrece
Para que esculpa en mármol su hermosura!—
¡Vuelan las flores que del cielo bajan,
Vuelan, como irritadas mariposas,
Para jamás volver, las crueles vuelan...

## Mis versos son revueltos...


Mis versos van revueltos y encendidos
Como mi corazón: bien es que corra
Manso el arroyo que en fácil llano
Entre céspedes frescos se desliza:
Ay!; pero el agua que del monte viene
Arrebatada; que por hondas breñas
Baja, que la destrozan; que en sedientos
Pedregales tropieza, y entre rudos
Troncos salta en quebrados borbotones,
¿Cómo, despedazada, podrá luego
Cual lebrel de salón, jugar sumisa
En el jardín podado con las flores
O en pecera de oro ondear alegre
Para querer de damas olorosas?—

Inundará el palacio perfumado,
Como profanación: se entrará fiera
Por los joyantes gabinetes, donde
Los bardos, lindos como abates, hilan
Tiernas quintillas y rimas dulces
Con aguja de plata en blanca seda.
Y sobre sus divanes espantadas
Las señoras, los pies de media suave
Recogerán,—en tanto el agua rota,
Falsa, como todo lo que expira,
Besa humilde el chapín abandonado,
Y en bruscos saltos destemplada muere!

# Mujeres

## I

Esta, es rubia, ésa, oscura; aquélla, extraña
Mujer de ojos de mar y cejas negras;
Y una cual palma egipcia, alta y solemne,
Y otra como un canario gorjeadora.
Pasan y muerden; los cabellos luengos
Echan, como una red; como un juguete
La lánguida beldad ponen al labio
Castro y febril del amador que a un templo
Con menos devoción que al cuerpo llega
De la mujer amada; ella, sin velos
Yace, y a su merced! él, castro y mudo,
En la inflamada sombra alza dichoso
Como un manto imperial de luz de aurora.
Cual un pájaro loco en tanto ausente
En frágil rama y en menudas flores,
De la mujer el alma travesea.
Noble furor enciende al sacerdote,
Y a la insensata, contra el ara augusta
Como una copa de cristal rompiera.
Pájaros, solo pájaros: el alma
Su ardiente amor reserva al universo.

## II

Vino hirviente es amor: del vaso afuera,
Echa, brillando al Sol, la alegre espuma,
Y en sus claras burbujas, desmayados

89

Cuerpos, rizosos niños, cenadores
Fragantes y amistosas alamedas
Y juguetones ciervos se retratan.
De joyas, de esmeraldas, de rubíes,
De ónices y turquesas y del duro
Diamante, al fuego eterno derretidos,
Se hace el vino satánico. Mañana
El vaso sin ventura que lo tuvo,
Cual comido de hienas, y espantosa
Lava mordente, se verá quemado.

III

Bien duerma, bien despierte, bien recline,
—Aunque no lo reclino—bien de hinojos,
Ante un niño que juega el cuerpo doble,
Que no se doble a viles ni a tiranos,
Siento que siempre estoy en pie. Si suelo,
Cual del niño en los rizos suele el aire
Benigno, en los piadosos labios tristes
Dejar que vuele una sonrisa, es cierto
Que así, sépalo el mozo, así sonríen
Cuantos nobles y crédulos buscaron
El Sol eterno en la belleza humana.
Solo hay un vaso que la sed apague
De hermosura y amor: Naturaleza
Abrazos deleitosos, híbleos besos
A sus amantes pródiga regala.

IV

Para que el hombre los tallara, puso
El monte y el volcán Naturaleza;

El mar, para que el hombre ver pudiese
Que era menor que su cerebro; en horno
Igual, Sol, aire y hombres elabora.
Porque los dome, el pecho al hombre inunda
Con pardos brutos y con torvas fieras.
¡Y el hombre no alza el monte; no en el libre
Aire ni el Sol magnífico se trueca,
Y en sus manos sin honra, a las sensuales
Bestias del pecho el corazón ofrece.
A los pies de la esclava vencedora
El hombre yace deshonrado, muerto.

## Noche de mayo

Con un astro la tierra se ilumina;
Con el perfume de una flor se llenan
Los ámbitos inmensos. Como vaga,
Misteriosa envoltura, una luz tenue
Naturaleza encubre, y una imagen
Misma del linde en que se acaba brota
Entre el humano batallar. ¡Silencio!
En el color, oscuridad! Enciende
El Sol al pueblo bullicioso y brilla
La blanca luz de Luna! En los ojos
La imagen va, porque si fuera buscan
Del vaso herido la admirable esencia,
En haz de aromas a los ojos surge;
Y si al peso del párpado obedecen,
Como flor que al plegar las alas pliega
Consigo su perfume, en el solemne
Templo interior como lamento triste
La pálida figura se levanta!
Divino oficio! El Universo entero,
Su forma sin perder, cobra la forma
De la mujer amada, y el esposo
Ausente, el cielo póstumo adivina
Por el casto dolor purificado.

## No, música tenaz, me hables del cielo!

No, música tenaz, me hables del cielo!

¡Es morir, es temblar, es desgarrarme
Sin compasión el pecho! Si no vivo
Donde como una flor al aire puro
Abre su cáliz verde la palmera,
Si del día penoso a casa vuelvo...
¿Casa dije? No hay casa en tierra ajena!...
Roto vuelvo en pedazos encendidos!
Me recojo del suelo: alzo y amaso
Los restos de mi mismo; ávido y triste
Como un estatuador un Cristo roto:
Trabajo, siempre en pie, por fuera un hombre.
¡Venid a ver, venid a ver por dentro!
Pero tomad a que Virgilio os guíe...
Si no, estáos afuera: el fuego rueda
Por la cueva humeante: como flores
De un jardín infernal se abren las llagas:
Y boqueantes por la tierra seca
Queman los pies los escaldados leños!
¡Toda fue flor la aterradora tumba!
No, música tenaz, me hables del cielo!

# Odio el mar

Odio el mar, solo hermoso cuando gime
Del barco domador bajo la hendente
Quilla, y como fantástico demonio
De un manto negro colosal tapado,
Encórvase a los vientos de la noche
Ante el sublime vencedor que pasa:—
Y a la luz de los astros, encerrada
En globos de cristales, sobre el puente
Vuelve un hombre impasible la hoja a un libro.—

Odio el mar: vasto y llano, igual y frío
No cual la selva hojosa echa sus ramas
Como sus brazos, a apretar al triste
Que herido viene de los hombres duros
Y del bien de la vida desconfía;
No cual honrado luchador, en suelo
Firme y pecho seguro, al hombre aguarda
Sino en traidora arena y movediza,
Cual serpiente letal.—También los mares,
El Sol también, también Naturaleza
Para mover el hombre a las virtudes,
Franca ha de ser, y ha de vivir honrada—
Sin palmeras, sin flores, me parece
Siempre una tenebrosa alma desierta.

Que yo voy muerto, es claro: a nadie importa
Y ni siquiera a mí, pero por bella,
Ígnea, varia, inmortal, amo la vida.
Lo que me duele no es vivir: me duele

Vivir sin hacer bien. Mis penas amo,
Mis penas, mis escudos de nobleza.
No a la próvida vida haré culpable
De mi propio infortunio, ni el ajeno
Goce envenenaré con mis dolores.
Buena es la tierra, la existencia es santa.
Y en el mismo dolor, razones nuevas
Se hallan para vivir, y goce sumo,
Claro como una aurora y penetrante.

Mueran de un tiempo y de una vez los necios
Que porque el llanto de sus ojos surge
Más grande y más hermoso que los mares.
Odio el mar, muerto enorme, triste muerto
De torpes y glotonas criaturas
Odiosas habitado: se parecen
A los ojos del pez que de harto expira,
Los del gañán de amor que en brazos tiembla
De la horrible mujer libidinosa:—
Vilo, y lo dije: —algunos son cobardes,
Y lo que ven y lo que sienten callan:
Yo no: si hallo un infame al paso mío,
Dígole en lengua clara: ahí va un infame,
Y no, como hace el mar, escondo el pecho.
Ni mi sagrado verso nimio guardo
Para tejer rosarios a las damas
Y máscaras de honor a los ladrones.

Odio al mar, que sin cólera soporta
Sobre su lomo complaciente, el buque
Que entre música y flor trae a un tirano.

## ¡Oh, Margarita!

Una cita a la sombra de tu oscuro
Portal donde el friecillo nos convida
A apretarnos los dos, de tan estrecho
Modo, que un solo cuerpo los dos sean:
Deja que el aire zumbador resbale,
Cargado de salud, como travieso
Mozo que las corteja, entre las hojas

Y en el pino
Rumor y majestad mi verso aprenda.
Solo la noche del amor es digna.
La soledad, la oscuridad convienen.
Ya no se puede amar, oh Margarita.

# Poeta

Como nacen las palmas en la arena
Y la rosa en la orilla al mar salobre,
Así de mi dolor mis versos surgen
Convulsos, encendidos, perfumados.
Tal en los mares sobre el agua verde,
La vela hendida, el mástil trunco, abierto
A las ávidas olas el costado,
Después de la batalla fragorosa
Con los vientos, el buque sigue andando.

¡Horror, horror! En tierra y mar no había
Más que crujidos, furia, niebla y lágrimas!
Los montes, desgajados sobre el llano
Rodaban; las llanuras, mares turbios,
En desbordados ríos convertidas,
Vaciaban en los mares; un gran pueblo
Del mar cabido hubiera en cada arruga;
Estaban en el cielo las estrellas
Apagadas; los vientos en jirones
Revueltos en la sombra, huían, se abrían,
Al chocar entre sí, y se despeñaban;
En los montes del aire resonaban
Rodando con estrépito; en las nubes
Los astros locos se arrojaban llamas!

Rió luego el Sol; en tierra y mar lucía
Una tranquila claridad de boda.
¡Fecunda y purifica la tormenta!
Del aire azul colgaban ya, prendidos

Cual gigantescos tules, los rasgados
Mantos de los crespudos vientos, rotos
En el fragor sublime. Siempre quedan
Por un buen tiempo luego de la cura
Los bordes de la herida sonrosados!
Y el barco, como un niño, con las olas
Jugaba, se mecía, traveseaba.

## Poética

La verdad quiere cetro. El verso mío
Puede, cual paje amable, ir por lujosas
Salas, de aroma vario y luces ricas,
Temblando enamorado en el cortejo
De una ilustre princesa, o gratas nieves
Repartiendo a las damas. De espadines
Sabe mi verso, y de jubón violeta
Y toca rubia, y calza acuchillada.
Sabe de vinos tibios y de amores
Mi verso montaraz, pero el silencio
Del verdadero amor, y la espesura
De la selva prolífica prefiere:
Cual gusta del canario, cual del águila!

## Pollice verso

Sí! yo también, desnuda la cabeza
De tocado y cabellos, y al tobillo
Una cadena lurda, heme arrastrado
Entre un montón de sierpes, que revueltas
Sobre sus vicios negros, parecían
Esos gusanos de pesado vientre
Y ojos viscosos, que en hedionda cuba
De pardo lodo lentos se revuelcan!
Y yo pasé, sereno entre los viles,
Cual si en mis manos, como en ruego juntas,
Las anchas alas púdicas, abriese
Una paloma blanca. Y aún me aterro
De ver con el recuerdo lo que he visto
Una vez con mis ojos. Y espantado,
¡Póngome en pie, cual a emprender la fuga!
¡Recuerdos hay que queman la memoria!
¡Zarzal es la memoria; mas la mía
Es un cesto de llamas! A su lumbre
El porvenir de mi nación preveo.
Y lloro. Hay leyes en la mente, leyes
Cual las del río, el mar, la piedra, el astro,
Ásperas y fatales: ese almendro
Que con su rama oscura en flor sombrea
Mi alta ventana, viene de semilla
De almendro; y ese rico globo de oro
De dulce y perfumoso jugo lleno
Que en blanca fuente una niñuela cara,
Flor del destierro, cándida me brinda,
Naranja es, y vino de naranjo.
Y el suelo triste en que se siembran lágrimas,

Dará árbol de lágrimas. La culpa
Es madre del castigo. No es la vida
Copa de mago que el capricho torna
En hiel para los míseros, y en férvido
Tokay para el feliz. La vida es grave,
Y hasta el pomo ruin la daga hundida,
Al flojo gladiador clava en la arena.

—

¡Alza, oh pueblo, el escudo, porque es grave
Cosa esta vida, y cada acción es culpa
Que como aro servil se lleva luego
Cerrado al cuello, o premio generoso
Que del futuro mal próvido libra!

—

¿Veis los esclavos? Como cuerpos muertos
Atados en racimo, a vuestra espalda
Irán vida tras vida, y con las frentes
Pálidas y angustiosas, la sombría
Carga en vano halaréis, hasta que el viento,
De vuestra pena bárbara apiadado,
Los átomos postreros evapore!
¡Oh, qué visión tremenda! ¡Oh, qué terrible
Procesión de culpables! Como en llano
Negro los miro, torvos, anhelosos,
Sin fruta el arbolar, secos los píos
Bejucos, por comarca funeraria
Donde ni el Sol da luz, ni el árbol sombra!
Y bogan en silencio, como en magno
Océano sin agua, y a la frente
Porción del Universo frase unida

A frase colosal, sierva ligada
A un carro de oro, que a los ojos mismos
De los que arrastra en rápida carrera
Ocúltase en el áureo polvo, sierva
Con escondidas riendas ponderosas
A la incansable Eternidad atada!

–

Circo la tierra es, como el romano;
Y junto a cada cuna una invisible
Panoplia al hombre aguarda, donde lucen,
Cual daga cruel que hiere al que la blande,
Los vicios, y cual límpidos escudos
Las virtudes: la vida es la ancha arena,
Y los hombres esclavos gladiadores.
Mas el pueblo y el rey, callados miran
De grada excelsa, en la desierta sombra.
Pero miran! Y a aquel que en la contienda
Bajó el escudo, o lo dejó de lado,
O suplicó cobarde, o abrió el pecho
Laxo y servil a la enconosa daga
Del enemigo, las vestales rudas,
Desde el sitial de la implacable piedra,
Condenan a morir, pollice verso:
Llevan, cual yugo el buey, la cuerda uncida,
Y a la zaga, listado el cuerpo flaco
De hondos azotes, el montón de siervos!

–

¿Veis las carrozas, las ropillas blancas
Risueñas y ligeras, el luciente
Corcel de crin trenzada y riendas ricas,

Y la albarda de plata suntuosa
Prendida, y el menudo zapatillo
Cárcel a un tiempo de los pies y el alma?
¡Pues ved que los extraños os desdeñan
Como a raza ruin, menguada y floja!

## Pomona

Oh, ritmo de la carne, oh melodía,
Oh licor vigorante, oh filtro dulce
De la hechicera forma! No hay milagro
En el cuento de Lázaro, si Cristo
Llevó a su tumba una mujer hermosa!

Qué soy, quién es, sino Mennom en donde
Toda la luz del Universo canta.
Y cauce humilde en el que van revueltas,
Las eternas corrientes de la vida?
Iba, como arroyuelo que cansado
De regar plantas ásperas fenece,
Y, de amor por el noble Sol, transido,
A su fuego con gozo se evapora:
Iba, cual jarra que el licor ligero
En el fermento rompe,
Y en silenciosos hilos abandona:
Iba, cual gladiador que sin combate
Del incólume escudo ampara el rostro
Y el cuerpo rinde en la ignorada arena.
... Y súbito, las fuerzas juveniles
De un nuevo mar, el pecho rebosante
Hinchan y embargan, el cansado brío
Arde otra vez, y puebla el aire sano
Música suave y blando olor de mieles!
Porque a mis ojos los brazos olorosos
En armónico gesto alzó Pomona.

# Pórtico

Frente a las casas ruines, en los mismos
Sacros lugares donde Franklin bueno
Citó al rayo y lo ató, por entre truncos
Muros, cerros de piedra, boqueantes
Fosos, y los cimientos asomados
Como dientes que nacen a una encía,
Un pórtico gigante se elevaba.
Rondaba cerca de él la muchedumbre
............ que siempre en torno
De las fábricas nuevas se congrega.

Cuál, que ésta es siempre distinción de necios,
Absorto ante el tamaño; piedra el otro
No penetra el Sol, y cuál en ira
De que fuera mayor que su estatura.
Entre el tosco andamiaje, y las nacientes
Paredes, aquel pórtico,
En un cráneo sin tope parecía
Un labio enorme, lívido e hinchado.
Ruedas y hombres el aire sometieron;
Trepaban en la sombra; más arriba
Fueron que las iglesias; de las nubes
La fábrica magnífica colgaron:
Y en medio entonces de los altos muros
Se vio el pórtico en toda su hermosura.

## Sed de belleza

Solo, estoy solo: viene el verso amigo,
Como el esposo diligente acude
De la erizada tórtola al reclamo.
Cual de los altos montes en deshielo
Por breñas y por valles en copiosos
Hilos las nieves desatadas bajan—
Así por mis entrañas oprimidas
Un balsámico amor y una celeste avaricia,
Celeste de hermosura se derraman.
Tal desde el vasto azul, sobre la tierra,
Cual si de alma virgen la sombría
Humanidad sangrienta perfumasen,
Su luz benigna las estrellas vierten
Esposas del silencio! —y de las flores
Tal el aroma vago se levanta.
–

Dadme lo sumo y lo perfecto: dadme
Un dibujo de Angelo: una espada
Con puño de Cellini, más hermosa
Que las techumbres de marfil calado
Que se place en labrar Naturaleza.
El cráneo augusto dadme donde ardieron
El universo Hamlet y la furia
Tempestuosa del moro: —la manceba
India que a orillas del ameno río
Que del viejo Chitchen los muros baña
A la sombra de un plátano pomposo
Y sus propios cabellos, el esbelto

Cuerpo bruñido y nítido enjugaba.
Dadme mi cielo azul..., dadme la pura,
La inefable, la plácida, la eterna
Alma de mármol que el soberbio Louvre
Dio, cual su espuma y flor, Milo famosa.

## Yo sacaré lo que en el pecho tengo

Yo sacaré lo que en el pecho tengo
De cólera y de horror. De cada vivo
Huyo, azorado, como de un leprosos.
Ando en el buque de la vida: sufro
De náusea y mal de mar: un ansia odiosa
Me angustia las entrañas: quién pudiera
En un solo vaivén dejar la vida!
No esta canción desoladora escribo
En hora de dolor:

Jamás se escriba
En hora de dolor! El mundo entonces
Como un gigante a hormiga pretenciosa
Unce el poeta destemplado: escribo
Luego de hablar con un amigo viejo,
Limpio goce que el alma fortifica:—
Mas, cual las cubas de madera noble,
La madre del dolor guardo en mis huesos!
Ay! mi dolor, como un cadáver, surge
A la orilla, no bien el mar serena!
Ni un poro sin herida: entre la uña
Y la yema, estiletes me han clavado
Que me llegan al pie; se me han comido
Fríamente el corazón: y en este juego
Enorme de la vida, cupo en suerte
Nutrirse de mi sangre a una lechuza.
Así hueco y roído, al viento floto
Alzando el puño y maldiciendo a voces,
En mis propias entrañas encerrado!

No es que mujer me engañe, o que fortuna
Me esquive su favor, o que el magnate
Que no gusta de pulcros, me querelle:
Es ¿quién quiere mi vida? es que a los hombres
Palpo, y conozco, y los encuentro malos.—
Pero si pasa un niño cuando lloro
Le acaricio el cabello, y lo despido
Como el naviero que a la mar arroja
Con bandera de gala un barco blanco.

Y si decís de mí blasfemia, os digo
Que el blasfemo sois vos: ¿a qué me dieren
Para vivir en un trigal, sedosa
Ala, y no garra aguda? o por acaso
Es ley que el tigre de alas se alimente?
Bien puede ser: de alas de luz repleto,
Daráse al fin de un tigre luminoso,
Radiante como el Sol, la maravilla!—
Apresure el trigal el diente duro!
Nútrase en mí: coma de mí: en mis hombros
Clave los grifos bien: móndeme el cráneo,
Y, con dolor, a su mordida en tierra
Caigan deshechas mis ardientes alas!
Feliz aquel que en bien del hombre muere!
Bésale el perro al matador la mano!

¡Como un padre a sus hijas, cuando pasa
Un galán pudridor, yo mis ideas
De donde pasa el hombre, por quien muero,
Guardo, como un delito, al pecho helado!

Conozco el hombre, y lo he encontrado malo.
¡Así, para nutrir el fuego eterno
Perecen en la hoguera los mejores!
Los menos por los más! Los crucificos
Por los crucificantes! En maderas
Clavaron a Jesús: sobre sí mismos
Los hombres de estos tiempos van clavados.
Los sabios de Chichén, la tierra clara
Donde el aroma y el maguey se crían,
Con altos ritos y canciones bellas
Al hondo de cisternas olorosas
A sus vírgenes lindas despeñaban
A su virgen mejor precipitaban:
A perfumar el Yucatán florido se alzaba luego
Como en tallo negruzco rosa suave
Un humo de magníficos colores:—
Tal a la vida echa el Creador los buenos:
A perfumar: a equilibrar: ¡ea! clave
El tigre bien sus garras en mis hombros:
Los viles a nutrirse: los honrados
A que se nutran los demás en ellos.

Para el misterio de la Cruz, no a un viejo
Pergamino teológico se baje:
Bájese al corazón de un vistuoso.
Padece mucho un cirio que ilumina:
Sonríe, como virgen que se muere,
La flor cuando la siegan de su tallo!
Duele mucho en la tierra un alma buena!
De día, luce brava: por la noche
Se echa a llorar sobre sus propios brazos:
Luego que ve en el aire la aurora

Su horrenda lividez, por no dar miedo
A la gente, con sangre de sus mismas
Heridas, tiñe el miserable rostro,
Y emprende a andar, como una calavera
Cubierta, por piedad, de hojas de rosa!

# Yugo y estrella

Cuando nací, sin Sol, mi madre dijo:
«Flor de mi seno, Homagno generoso,
De mí y de la Creación suma y reflejo,
Pez que en ave y corcel y hombre se torna,
Mira estas dos, que con dolor te brindo,
Insignias de la vida: ve y escoge.
Este, es un yugo: quien lo acepta, goza.
Hace de manso buey, y como presta
Servicio a los señores, duerme en paja
Caliente, y tiene rica y ancha avena.
Esta, oh misterio que de mí naciste
Cual la cumbre nació de la montaña,
Esta, que alumbra y mata, es una estrella.
Como que riega luz, los pecadores
Huyen de quien la lleva, y en la vida,
Cual un monstruo de crímenes cargado,
Todo el que lleva luz se queda solo.
Pero el hombre que al buey sin pena imita,
Buey torna a ser, y en apagado bruto
La escuela universal de nuevo empieza.
El que la estrella sin temor se ciñe,
Como que crea, crece!
–

              Cuando al mundo
De su copa el licor vació ya el vivo;
Cuando, para manjar de la sangrienta
Fiesta humana, sacó contento y grave
Su propio corazón; cuando a los vientos

De Norte y Sur vertió su voz sagrada,
La estrella como un manto, en luz lo envuelve,
Se enciende, como a fiesta, el aire claro,
Y el vivo que a vivir no tuvo miedo,
Se oye que un paso más sube en la sombra!»
–


—Dame el yugo, oh mi madre, de manera
Que puesto en él de pie, luzca en mi frente
Mejor la estrella que ilumina y mata.

# Libros a la carta

A la carta es un servicio especializado para
Empresas,
librerías,
Bibliotecas,
Editoriales
Y centros de enseñanza;
Y permite confeccionar libros que, por su formato y concepción, sirven a los propósitos más específicos de estas instituciones.

Las empresas nos encargan ediciones personalizadas para marketing editorial o para regalos institucionales. Y los interesados solicitan, a título personal, ediciones antiguas, o no disponibles en el mercado; y las acompañan con notas y comentarios críticos.

Las ediciones tienen como apoyo un libro de estilo con todo tipo de referencias sobre los criterios de tratamiento tipográfico aplicados a nuestros libros que puede ser consultado en Linkgua-ediciones.com.

Linkgua edita por encargo diferentes versiones de una misma obra con distintos tratamientos ortotipográficos (actualizaciones de carácter divulgativo de un clásico, o versiones estrictamente fieles a la edición original de referencia).

Este servicio de ediciones a la carta le permitirá, si usted se dedica a la enseñanza, tener una forma de hacer pública su interpretación de un texto y, sobre una versión digitalizada «base», usted podrá introducir interpretaciones del texto fuente. Es un tópico que los profesores denuncien en clase los desmanes de una edición, o vayan comentando errores de interpretación de un texto y esta es una solución útil a esa necesidad del mundo académico.

Asimismo publicamos de manera sistemática, en un mismo catálogo, tesis doctorales y actas de congresos académicos, que son distribuidas a través de nuestra Web.

El servicio de «libros a la carta» funciona de dos formas.

1. Tenemos un fondo de libros digitalizados que usted puede personalizar en tiradas de al menos cinco ejemplares. Estas personalizaciones pueden ser de todo tipo: añadir notas de clase para uso de un grupo de estudiantes, introducir logos corporativos para uso con fines de marketing empresarial, etc. etc.

2. Buscamos libros descatalogados de otras editoriales y los reeditamos en tiradas cortas a petición de un cliente.

LK

www.ingramcontent.com/pod-product-compliance
Lightning Source LLC
Chambersburg PA
CBHW030351180626
46812CB00007B/2848